Lucas Zanga

L'HOSPITALITÉ CHRÉTIENNE

Lucas Zanga

L'HOSPITALITÉ CHRÉTIENNE

Face Aux Complexités De L'Actualité

Éditions Croix du Salut

Imprint
Any brand names and product names mentioned in this book are subject to trademark, brand or patent protection and are trademarks or registered trademarks of their respective holders. The use of brand names, product names, common names, trade names, product descriptions etc. even without a particular marking in this work is in no way to be construed to mean that such names may be regarded as unrestricted in respect of trademark and brand protection legislation and could thus be used by anyone.

Cover image: www.ingimage.com

Publisher:
Éditions Croix du Salut
is a trademark of
Dodo Books Indian Ocean Ltd. and OmniScriptum S.R.L publishing group

120 High Road, East Finchley, London, N2 9ED, United Kingdom
Str. Armeneasca 28/1, office 1, Chisinau MD-2012, Republic of Moldova, Europe
Managing Directors: Ieva Konstantinova, Victoria Ursu
info@omniscriptum.com

Printed at: see last page
ISBN: 978-620-6-17113-3

L'HOSPITALITÉ Chrétienne

REMERCIEMENTS

Je tiens à exprimer ma profonde gratitude à vous, cher lecteur, pour votre intérêt et votre engagement envers ce projet.

Mon appréciation s'étend également à mon compagnon de rédaction, dont le soutien, la créativité et les idées ont été déterminants dans la construction de cet ouvrage.

Enfin, je souhaite remercier Me Fopa Dominique pour son rôle essentiel dans la publication et la commercialisation de ce livre. Votre dévouement et votre expertise ont permis de donner vie à ce projet, et votre contribution est inestimable.

Ensemble, nous espérons que cet ouvrage trouvera sa place dans le cœur et l'esprit des lecteurs, incitant à l'action et à la réflexion.

AVANT-PROPOS

Dans un monde en constante évolution, les défis liés à l'hospitalité, aux migrations et à la compassion humaine prennent une importance cruciale. Alors que nous sommes appelés à accueillir le prochain, notre responsabilité s'étend au-delà des simples gestes d'hospitalité. Nous devons également naviguer dans les complexités de l'actualité, où la sécurité, les lois et nos propres valeurs sont souvent mises à l'épreuve. Ce livre se veut un guide, une réflexion et une exhortation à pratiquer l'hospitalité de manière éclairée et mieux informée.

Je vous invite à plonger dans ces pages afin de découvrir ensemble la richesse de l'hospitalité chrétienne, tout en tenant compte des réalités contemporaines qui façonnent notre monde. Que ces réflexions nourrissent votre cœur et éveillent votre esprit à l'importance d'accueillir les autres avec amour et discernement.

Le révérend pasteur Zanga Lucas semble aborder des problématiques essentielles avec une approche équilibrée mêlant spiritualité, éthique et engagement social. Son œuvre ne se limite pas à des enseignements religieux et spirituels, mais s'étend à des réflexions sur des sujets comme l'hospitalité, la justice sociale, et les dangers des dérives numériques. Il se positionne en tant que guide moral, cherchant à éveiller les consciences et à encourager les individus à agir pour un changement positif.

Son contenu met en lumière l'importance de l'engagement communautaire et de la responsabilité individuelle, tout en soulignant le rôle essentiel de l'éducation dans le développement d'une jeunesse consciente et active. À travers ses écrits, il cherche à inspirer les jeunes à devenir des agents de changement, à s'impliquer dans leur communauté, et à naviguer dans un monde en mutation avec discernement et compassion.

Quel Message à transmettre à la Société en réalité ?

Le message que le révérend pasteur Zanga Lucas semble vouloir transmettre à la société est clair : chaque individu a le pouvoir de faire une différence. Il appelle à une prise de conscience collective des enjeux sociaux, spirituels, environnementaux et numériques qui façonnent notre époque.

En encourageant l'hospitalité, la solidarité et l'empathie, il invite chacun à se montrer attentif aux besoins des autres et à s'engager activement pour un monde meilleur. En outre, il souligne l'importance d'éduquer la jeunesse sur les réalités du monde contemporain, tout en leur donnant les outils pour naviguer dans les défis qu'ils rencontrent.

L'éducation ne doit pas seulement être académique, mais également éthique, émotionnelle et sociale. En cultivant des valeurs de respect, de responsabilité et de bienveillance, nous pouvons contribuer à former une génération capable de relever les défis d'aujourd'hui et de demain.

En somme, le révérend pasteur Zanga Lucas, par son travail, nous rappelle que le changement commence à l'échelle individuelle et que chacun d'entre nous a un rôle à jouer dans la construction d'un avenir plus juste, plus solidaire et plus humain. C'est un appel à l'action, à l'engagement et à la réflexion, tant sur notre propre comportement que sur notre impact sur le monde qui nous entoure.

Les Editeurs

PREFACE

L'hospitalité n'est pas seulement une question de générosité ; elle est au cœur de la mission chrétienne. Au fil des siècles, l'hospitalité a été un signe distinctif de l'amour de Dieu manifesté à travers ses disciples. Dans cet ouvrage, le Rév. Pasteur Zanga Lucas nous invite à redécouvrir la profondeur de ce principe fondamental, tout en tenant compte des défis contemporains qui entravent notre capacité à accueillir les autres.

Chaque chapitre aborde des aspects différents de l'hospitalité, des bénéfices qui en découlent aux dangers de l'immigration clandestine. En nous engageant à mettre en pratique ces enseignements, nous pouvons non seulement transformer nos vies, mais également influencer positivement notre communauté.

L'auteur nous pousse à réfléchir sur nos propres attitudes et à prendre des mesures concrètes pour créer des environnements où chacun peut se sentir valorisé et aimé. C'est avec une grande humilité que je vous recommande de plonger dans ces pages, d'en tirer des leçons et de les appliquer dans votre vie quotidienne.

Ce livre n'est pas seulement un recueil d'idées, mais un appel à l'action. Nous vivons à une époque où l'information circule à une vitesse fulgurante, où les jeunes sont exposés à des réalités parfois déstabilisantes. Notre objectif est de fournir des outils de réflexion et d'action pour que la jeunesse puisse naviguer dans cet environnement complexe avec discernement. La sagesse, l'empathie et l'engagement sont des valeurs qui doivent nous guider, et cet ouvrage aspire à les promouvoir.

INTRODUCTION

Je suis heureux de vous présenter cet ouvrage sur l'hospitalité, un thème qui me tient particulièrement à cœur en tant que pasteur et servant de Dieu. En tant que chrétiens, nous sommes appelés à vivre selon l'exemple de Christ, qui a montré une hospitalité sans bornes à toutes les personnes, quels que soient leur statut, leur origine ou leurs besoins.

En ce début de XXIe siècle, il est alarmant de constater que l'hospitalité semble s'éclipser du lexique chrétien, victime d'un oubli et d'une insouciance généralisés. Il est impératif de redécouvrir cette valeur fondamentale et d'en parler avec la passion et l'engagement qui ont animé l'apôtre Paul dans ses épîtres.

Les prédicateurs contemporains s'attachent à aborder divers sujets — des dîmes aux voyages missionnaires, en passant par le mariage — mais l'hospitalité chrétienne demeure souvent négligée, laissant ainsi les fidèles démunis face à un enjeu spirituel d'une richesse inestimable.

Les lignes qui suivent visent à éclairer cette question cruciale, car les conséquences d'un manque d'accueil se traduisent par des formes d'exclusion sociale profondément ancrées.

L'hospitalité, cette capacité à ouvrir son cœur et sa porte à l'étranger, est une manifestation de la générosité que Dieu valorise. Pourtant, sa signification profonde s'estompe, avec des répercussions tragiques pour de nombreuses sociétés et familles.

Les demandeurs d'asile en sont les premières victimes, tandis que notre époque semble faire preuve d'une indifférence cruelle à leur égard. Ce comportement, façonné par des politiques anti-immigration, ne peut en aucun cas être en accord avec la volonté divine.

Ce livre explore l'hospitalité sous divers angles, en soulignant son importance spirituelle, sociale et humaine. Les défis contemporains, tels que l'immigration clandestine et la nécessité de discerner les intentions de ceux qui viennent vers nous, sont également abordés avec sérieux et compassion.

De plus, l'ouvrage qui suit est une exploration des défis contemporains auxquels la jeunesse est confrontée. À travers une série de chapitres, nous aborderons des sujets tels que l'hospitalité, l'immigration clandestine, la sensibilisation des jeunes, et les dérives des réseaux sociaux. Chaque chapitre s'efforce de présenter une analyse nuancée et critique, tout en proposant des pistes de réflexion et d'action. Nous espérons que ces lignes susciteront des discussions, inspireront des initiatives, et encourageront une prise de conscience collective.

Mon souhait est que chaque lecteur puisse se sentir interpellé à pratiquer une hospitalité authentique et éclairée, en reconnaissant que chaque acte d'accueil peut avoir des répercussions profondes. Puissiez-vous être inspiré à ouvrir votre cœur et votre maison, tout en demeurant vigilant et sage dans un monde qui a besoin de lumière et d'amour.

Ensemble, engageons-nous à bâtir des communautés plus accueillantes, où chacun peut se sentir aimé et accepté.

Rév. Pasteur Zanga Lucas

TABLE DES MATIERES

CHAPITRE 1 : L'ESSENCE DE L'HOSPITALITE

DEFINITION ET IMPORTANCE

L'hospitalité est un terme qui évoque immédiatement l'image d'une porte ouverte, d'un sourire chaleureux et d'un repas partagé. Pourtant, derrière ce mot simple se cache une richesse de significations et d'implications qui transcendent les frontières culturelles et religieuses. À sa plus simple expression, l'hospitalité peut être définie comme l'accueil et le soin apportés à des personnes, souvent des étrangers ou des nécessiteux. Mais cette définition, bien que correcte, ne rend pas justice à la profondeur de ce concept.

L'hospitalité est intrinsèquement liée à l'idée d'accueil, mais elle va bien au-delà d'un simple acte de générosité. Elle représente un acte de foi, une manière de témoigner de l'amour divin à travers des actions concrètes. Dans un monde où l'individualisme et l'égoïsme semblent dominer, l'hospitalité devient un acte révolutionnaire. Elle nous pousse à sortir de notre zone de confort pour embrasser l'autre, à voir en lui un reflet de notre humanité commune.

L'importance de l'hospitalité réside également dans son pouvoir transformateur. Accueillir une personne peut changer sa vie, mais cela peut également transformer notre propre cœur. Cet échange humain, cette interaction, nous rappelle que derrière chaque visage se cache une histoire, une lutte, un rêve. En pratiquant l'hospitalité, nous nous engageons à écouter ces histoires, à comprendre ces luttes et à soutenir ces rêves. L'hospitalité devient alors un pont qui relie des vies, des expériences, et qui construit des communautés.

L'Hospitalité dans les Écritures

L'hospitalité a toujours occupé une place centrale dans les Écritures, tant dans l'Ancien Testament que dans le Nouveau Testament. Dès le début de la Bible, nous voyons des exemples d'hospitalité qui sont profondément enracinés dans la tradition juive. Abraham, considéré comme le père de la foi, est l'un des premiers modèles d'hospitalité. Dans Genèse 18, nous assistons à la rencontre d'Abraham avec trois étrangers. Reconnaissant en eux des visiteurs divins, il n'hésite pas à leur offrir un accueil chaleureux, à préparer un festin et à les servir avec dévotion.

Cette histoire nous rappelle que l'hospitalité n'est pas simplement un acte de courtoisie, mais une rencontre sacrée. L'accueil d'Abraham a entraîné des bénédictions divines, illustrant comment notre disposition à accueillir les autres peut également ouvrir la porte à des révélations spirituelles.

Ce passage nous rappelle que, parfois, ceux qui viennent à nous dans le besoin peuvent être des messagers de Dieu, portant des messages d'espoir et de promesse.

Dans le Nouveau Testament, Jésus lui-même incarne l'hospitalité. À travers ses paraboles et ses actions, il nous enseigne que l'accueil des autres est une expression profonde de notre amour pour Dieu.

Dans Matthieu 25 :35, Jésus déclare : « *J'étais étranger, et vous m'avez accueilli.* » Ce verset souligne l'importance de voir en chaque personne un enfant de Dieu, dignes d'amour et de respect. Notre attitude envers les autres est un reflet de notre relation avec le divin.

L'hospitalité, telle qu'illustrée dans les Écritures, nous enseigne également à dépasser nos préjugés. Les récits de Jésus incluent souvent des rencontres avec des personnes marginalisées, des pécheurs, des collecteurs d'impôts et des étrangers. En accueillant ces individus, il remet en question les normes sociales et nous invite à réévaluer nos propres attitudes. C'est un appel à l'inclusion, à l'amour inconditionnel et à la compassion.

CHAPITRE 2

LES FONDEMENTS SPIRITUELS DE L'HOSPITALITE (SUITE)
LES ÉCRITS SACRES ET L'HOSPITALITE

Les Écritures, tant dans l'Ancien que dans le Nouveau Testament, regorgent de passages qui soulignent l'importance de l'hospitalité. Ces textes révèlent non seulement la priorité que Dieu accorde à l'accueil des autres, mais ils illustrent également comment l'hospitalité est tissée dans le tissu même de notre foi.

Dans le livre de Lévitique (19 :34), nous lisons : « *L'étranger qui séjourne parmi vous sera pour vous comme un compatriote. Tu l'aimeras comme toi-même, car vous avez été étrangers dans le pays d'Égypte. Je suis l'Éternel, votre Dieu.* »

Ce verset nous rappelle que notre propre expérience de l'exil et de la souffrance doit nous inciter à agir avec bienveillance envers ceux qui sont dans une situation similaire. L'hospitalité devient ainsi une expression de notre humanité partagée, une reconnaissance que tous nous avons, à un moment donné, besoin d'un refuge.

L'hospitalité est également mise en avant dans les histoires des patriarches. Abraham, comme mentionné précédemment, illustre parfaitement cela. Dans sa rencontre avec les trois visiteurs, il ne se contente pas d'un accueil sommaire. Il se précipite pour préparer un festin, démontrant ainsi sa volonté de servir. Cette scène incarne le principe fondamental que l'hospitalité n'est pas seulement un acte de courtoisie, mais plutôt une offrande d'amour et de respect.

Les Proverbes apportent une autre perspective sur l'hospitalité.

Proverbes 21 :13 déclare : « *Celui qui ferme son oreille au cri du pauvre criera lui-même et n'aura point de réponse.* » Ce verset nous avertit que notre incapacité à entendre et à répondre aux besoins des autres peut avoir des conséquences spirituelles. L'hospitalité est alors perçue comme un acte de justice et de compassion, révélant la manière dont nous traitons les plus vulnérables parmi nous.

Dans le Nouveau Testament, l'apôtre Paul exhorte les croyants à pratiquer l'hospitalité. Dans Romains 12 :13, il écrit : *« Pourvoyez aux besoins des saints. Exercez l'hospitalité. »*

Ici, Paul nous rappelle que l'hospitalité est un devoir pour chaque chrétien, un engagement à répondre aux besoins des autres. Cela va au-delà d'un simple acte occasionnel ; c'est une manière de vivre en tant que communauté de croyants.

Les Écritures soulignent également que l'hospitalité est une caractéristique des leaders spirituels. Dans 1 Timothée 3 :2, Paul explique que « l'évêque doit être irréprochable, mari d'une seule femme, sobre, sensé, honnête, hospitalier, capable d'enseigner. »

Ce lien entre l'hospitalité et le leadership spirituel démontre que ceux qui sont appelés à guider les autres doivent d'abord être prêts à servir et à accueillir.

Ainsi, à travers les écrits sacrés, nous comprenons que l'hospitalité est enracinée dans notre relation avec Dieu et avec les autres. Elle est un reflet de notre connaissance de l'amour divin et de notre engagement à le manifester dans le monde. En pratiquant l'hospitalité, nous devenons des témoins de la grâce de Dieu, nous créant des opportunités pour des rencontres significatives et des transformations profondes.

La Dimension Spirituelle de l'Hospitalité

L'hospitalité ne se limite pas à des gestes extérieurs ; elle est profondément spirituelle. Accueillir quelqu'un, c'est ouvrir non seulement notre porte, mais aussi notre cœur. Cette dimension spirituelle nous pousse à reconnaître que chaque rencontre est l'occasion d'une rencontre divine.

Dans le livre de Matthieu, Jésus nous rappelle que lorsque nous accueillons les plus petits, nous l'accueillons en réalité (Matthieu 25 :40). Ce lien entre l'hospitalité et la spiritualité nous appelle à voir au-delà des apparences et à reconnaître la présence de Dieu dans chaque personne.

Cette reconnaissance spirituelle transforme notre façon de voir l'hospitalité. Ce n'est pas seulement un acte de charité, mais une occasion de vivre notre foi de manière tangible. Par exemple, lorsque nous accueillons quelqu'un chez nous, nous avons l'opportunité de créer un espace sacré où la présence de Dieu peut se manifester. Chaque repas partagé, chaque conversation, chaque sourire devient une occasion de faire l'expérience de la grâce divine.

De plus, l'hospitalité spirituelle implique une attitude de prière. Avant d'accueillir quelqu'un, nous pouvons prier pour que notre cœur soit ouvert et réceptif.

Nous pouvons demander à Dieu de nous aider à voir cette personne à travers ses yeux, de nous donner la sagesse pour répondre à ses besoins et de remplir notre foyer de paix. La prière transforme l'acte d'accueil en une expérience spirituelle, nous permettant de nous aligner sur la volonté de Dieu.

L'hospitalité spirituelle nous appelle également à être attentifs aux besoins des autres. Cela signifie être à l'écoute, non seulement des besoins physiques, mais aussi des besoins émotionnels et spirituels.

Lorsque nous accueillons quelqu'un, il est essentiel d'ouvrir un espace où cette personne se sent suffisamment en sécurité pour partager ses luttes, ses doutes et ses espoirs. Cela peut ouvrir la voie à des conversations profondes et significatives, où la foi peut être nourrie et fortifiée.

Par ailleurs, l'hospitalité est également un moyen de pratiquer la gratitude. En accueillant les autres, nous avons l'opportunité de reconnaître les bénédictions que Dieu a placées dans nos vies.

En partageant notre nourriture, notre temps et notre espace, nous devenons des canaux de cette gratitude, à la fois pour nous-mêmes et pour ceux que nous accueillons. Cela nous rappelle que tout ce que nous avons est un don de Dieu, et cela nous appelle à être de bons intendants de ces dons.

Enfin, l'hospitalité spirituelle nous pousse à cultiver une attitude d'humilité. Accueillir les autres implique de reconnaître que nous ne sommes pas supérieurs, mais que nous sommes tous des enfants de Dieu, en quête d'amour et de compréhension.

En mettant de côté notre propre ego, nous créons un espace où chacun peut se sentir valorisé et respecté. Cela nous enseigne que l'hospitalité n'est pas un acte d'affirmation de soi, mais un service dévoué à ceux qui nous entourent.

En conclusion, les fondements spirituels de l'hospitalité nous rappellent que cette pratique va bien au-delà d'un simple acte de générosité. Elle est enracinée dans notre relation avec Dieu et avec notre prochain. En vivant cet appel à accueillir les autres avec amour et compassion, nous participons à la construction du royaume de Dieu sur terre.

CHAPITRE 3
LES OBSTACLES A L'HOSPITALITE
PREJUGES ET STEREOTYPES

L'hospitalité, bien qu'elle soit une valeur fondamentale de la foi chrétienne, est souvent entravée par des préjugés et des stéréotypes qui nous poussent à juger les autres avants même de les connaître. Ces barrières mentales et émotionnelles peuvent nous empêcher d'ouvrir nos cœurs et nos maisons à ceux qui en ont besoin.

Les préjugés sont des opinions préconçues, souvent basées sur des expériences passées ou des stéréotypes culturels, qui nous amènent à voir certaines personnes comme indignes de notre accueil. Par exemple, les migrants et les réfugiés sont souvent perçus à travers le prisme de la peur, de l'hostilité ou du mépris.

Les médias jouent un rôle clé dans la formation de ces perceptions, souvent en présentant des récits qui renforcent des stéréotypes négatifs. Cette représentation peut créer une image déformée de la réalité, nous conduisant à généraliser sur des groupes entiers de personnes, plutôt qu'à les apprendre à connaître individuellement.

Ces préjugés nous poussent à nous interroger : que savons-nous vraiment de ceux que nous jugeons ? Combien de fois avons-nous laissé nos idées préconçues obscurcir notre capacité à voir l'autre comme un être humain, avec des besoins, des rêves et des aspirations ?

En tant que chrétiens, il est de notre devoir de remettre en question ces stéréotypes et de nous efforcer de voir l'autre à travers les yeux de Dieu. Chaque individu est créé à l'image de Dieu et mérite d'être traité avec dignité et respect.

Pour surmonter ces obstacles, nous devons faire un effort délibéré pour éduquer nos esprits et nos cœurs. Cela peut impliquer de s'engager dans des conversations avec des personnes issues de milieux différents, d'écouter leurs histoires et de comprendre leurs luttes. En nous ouvrant à la diversité, nous pouvons commencer à briser les murs de division qui nous empêchent d'accueillir pleinement les autres. Ce processus demande du temps, de l'écoute et une volonté d'apprendre, mais il est essentiel pour construire des communautés plus inclusives.

Un autre moyen efficace de surmonter les préjugés est de s'engager dans des actions concrètes. Participer à des programmes de soutien aux réfugiés ou à des initiatives d'entraide dans notre communauté nous permet de mieux comprendre les réalités de ceux que nous accueillons.

Ces interactions humaines peuvent transformer nos perceptions et ouvrir nos cœurs à l'hospitalité. Au fil du temps, en confrontant nos préjugés par l'expérience directe, nous pouvons développer une attitude d'acceptation, d'empathie et de compassion.

Il est également essentiel de se rappeler que les préjugés ne sont pas toujours conscients. Souvent, nous pouvons agir de manière discriminatoire sans nous en rendre compte. C'est pourquoi une introspection régulière est nécessaire. En réfléchissant à nos attitudes et à nos réponses face aux autres, nous pouvons mieux comprendre les schémas de pensée qui pourraient nous empêcher de pratiquer une hospitalité authentique.

Finalement, l'hospitalité nécessite un engagement à dépasser nos conforts personnels. Cela signifie parfois s'approcher de ceux qui nous mettent mal à l'aise ou qui nous semblent éloignés de notre mode de vie. En plaçant l'amour et la compassion au-dessus de nos préjugés, nous sommes appelés à créer des ponts d'unité et de compréhension, à devenir des instruments de paix dans un monde souvent divisé.

Le Manque de Temps et d'Énergie

Un autre obstacle majeur à l'hospitalité est le manque de temps et d'énergie. Dans notre société moderne, nous sommes constamment bombardés par des exigences professionnelles, familiales et sociales qui nous laissent peu de place pour accueillir les autres. Nos vies sont souvent remplies de tâches à accomplir, de responsabilités à assumer et de préoccupations quotidiennes. Par conséquent, l'idée d'ajouter l'hospitalité à notre emploi du temps déjà chargé peut sembler écrasante.

Ce manque de temps peut également engendrer une mentalité de rareté, où nous percevons notre temps et nos ressources comme limités. Nous nous convainquons que nous ne pouvons pas nous permettre d'accueillir quelqu'un chez nous, que ce soit par crainte de ne pas être à la hauteur ou par peur de ne pas avoir assez à offrir. Cependant, il est crucial de se rappeler que l'hospitalité ne nécessite pas toujours des ressources matérielles abondantes. Parfois, le simple fait d'offrir sa présence, son écoute ou sa compassion peut avoir un impact profond sur la vie d'une personne.

Pour surmonter cet obstacle, nous devons réévaluer nos priorités et notre gestion du temps. L'hospitalité doit être intégrée dans notre mode de vie, plutôt que considérée comme une tâche supplémentaire. Cela implique de créer des espaces dans nos agendas pour accueillir les autres, même si cela signifie dire non à d'autres engagements. En prenant cette décision, nous affirmons que l'hospitalité est une valeur fondamentale qui mérite notre attention et nos efforts.

Une approche pratique pour gérer ce manque de temps consiste à simplifier nos attentes en matière d'hospitalité. Au lieu de se fixer des objectifs élevés, comme organiser un grand dîner formel, nous pouvons commencer par des gestes simples et accessibles. Par exemple, inviter un voisin à prendre un café ou partager un repas informel peut être tout aussi significatif. Ces gestes ne demandent pas beaucoup de temps ou d'efforts, mais ils peuvent renforcer les liens communautaires et ouvrir la porte à des conversations plus profondes.

Il est également essentiel de reconnaître que l'hospitalité peut être une activité partagée. En tant que familles, amis ou membres d'une communauté, nous pouvons collaborer pour organiser des événements d'accueil qui nécessitent moins de ressources individuelles. De cette manière, nous pouvons non seulement alléger le fardeau de l'hospitalité, mais aussi créer des opportunités pour renforcer les relations communautaires.

En outre, il est important de se rappeler que l'hospitalité ne doit pas être parfaite. Nous pouvons être en proie à la peur de ne pas être à la hauteur ou de ne pas satisfaire les attentes des autres. Cependant, il est essentiel de comprendre que l'authenticité et la sincérité sont plus importantes que la perfection. En accueillant les autres avec un cœur ouvert, même si tout n'est pas parfaitement organisé, nous créons un environnement où chacun se sent valorisé et accepté.

Enfin, pour surmonter ce manque de temps, il est crucial de se rappeler que l'hospitalité ne se limite pas à des événements planifiés. Elle peut également se manifester dans nos interactions quotidiennes. Être attentif aux besoins des personnes autour de nous, tendre la main à un ami en difficulté ou simplement offrir un sourire peut constituer un acte d'hospitalité. En adoptant cette perspective, nous pouvons intégrer l'hospitalité dans notre vie de tous les jours, même au milieu de nos emplois du temps chargés.

En conclusion, le manque de temps et d'énergie ne devrait pas être une excuse pour éviter l'hospitalité. En réévaluant nos priorités, en simplifiant nos attentes et en intégrant des gestes simples dans notre quotidien, nous pouvons surmonter cet obstacle et créer un environnement d'accueil et de chaleur. L'hospitalité devient alors non seulement une valeur, mais un mode de vie qui enrichit nos vies et celles des autres.

CHAPITRE 4

CONDITIONS DE L'HOSPITALITE
UN CŒUR OUVERT ET ACCUEILLANT

L'hospitalité véritable commence dans le cœur. C'est un état d'esprit, une disposition intérieure qui nous permet de nous ouvrir aux autres, de les accueillir avec chaleur et générosité. Avoir un cœur ouvert signifie faire preuve de disponibilités, non seulement physiquement, mais aussi émotionnellement et spirituellement. Cette ouverture est essentielle pour que l'accueil soit authentique et significatif.

Un cœur ouvert est celui qui est capable d'éprouver de l'empathie pour ceux qui sont différents de nous. C'est une attitude qui nous pousse à voir au-delà des murs que les gens construisent autour d'eux, souvent en raison de leurs expériences passées ou de leurs blessures. Lorsque nous cultivons cette qualité, nous commençons à comprendre les luttes des autres, leurs espoirs et leurs désirs. Accueillir quelqu'un devient alors une opportunité d'offrir un espace de réconfort et de paix.

Cependant, ouvrir son cœur n'est pas une tâche facile. Cela nécessite un travail intérieur constant, une volonté de dépasser nos propres peurs, nos jugements et nos préjugés. Trop souvent, nous nous laissons guider par des stéréotypes et des idées préconçues qui nous empêchent de voir l'autre dans toute sa dignité. Nous devons donc être vigilants, car un cœur fermé se transforme facilement en une barrière qui empêche l'hospitalité de s'épanouir.

La vraie hospitalité exige également une vulnérabilité. Lorsque nous accueillons quelqu'un, nous ouvrons non seulement notre porte, mais également une partie de nous-mêmes. Cela implique de partager nos vies, nos histoires et nos ressources. Ce risque d'intimité peut sembler intimidant, mais c'est aussi ce qui rend l'hospitalité si belle et enrichissante. En nous dévoilant, nous créons des liens authentiques et significatifs, et nous permettons aux autres de se sentir en sécurité et valorisés.

Il est également essentiel de reconnaître que notre ouverture doit être inconditionnelle. L'hospitalité ne doit pas dépendre des qualifications de ceux que nous accueillons. Qui que ce soit, peu importe son statut, sa race ou ses croyances, mérite notre accueil. Cette disposition d'esprit est un reflet de l'amour inconditionnel que Dieu nous a montré. En tant que chrétiens, nous devons nous rappeler que nous avons tous été accueillis dans le royaume de Dieu, non pas en raison de nos mérites, mais par sa grâce.

Pour cultiver un cœur ouvert, nous devons adopter une pratique régulière de réflexion et de prière. Cela nous permet de nous recentrer, de nous rappeler nos motivations et de nous assurer que nous agissons par amour et non par obligation. La prière, en particulier, nous aide à demander à Dieu de transformer nos cœurs et de nous donner la force d'accueillir ceux qui peuvent nous sembler étrangers. Elle nous rappelle que nous ne sommes pas seuls dans cette quête d'hospitalité et que Dieu est avec nous à chaque étape.

En conclusion, avoir un cœur ouvert et accueillant est une condition essentielle pour vivre l'hospitalité authentique. C'est un appel à créer des espaces d'amour, de compréhension et de sécurité. En surmontant nos préjugés et en embrassant la vulnérabilité, nous pouvons devenir des instruments de paix dans un monde souvent divisé.

Sensibilité aux Besoins des Autres

Une autre condition fondamentale de l'hospitalité est la sensibilité aux besoins des autres. Être réellement accueillant implique d'être à l'écoute des besoins, des désirs et des luttes de ceux que nous accueillons. Cela ne se limite pas à offrir un toit ou un repas ; c'est une invitation à entrer dans la vie de l'autre, à percevoir ses émotions et à répondre de manière appropriée.

La sensibilité commence par l'écoute. Nos interactions doivent aller au-delà des simples échanges de politesses. Lorsque nous accueillons quelqu'un, nous devons être attentifs à ses paroles, mais aussi à son langage corporel et à ses émotions. Parfois, la personne n'exprime pas clairement ses besoins. Elle peut avoir besoin de réconfort, de soutien émotionnel ou simplement d'une oreille attentive. Être sensible à ces nuances nous permet de répondre de manière adéquate et de créer un climat de confiance.

Cette sensibilité implique également une certaine humilité. Nous devons reconnaître que nous ne savons pas toujours ce qui est le mieux pour l'autre. Ce qui peut sembler évident pour nous peut ne pas l'être pour lui. Par conséquent, au lieu de supposer ce dont il a besoin, nous devons poser des questions ouvertes et inviter à la conversation. Cela montre que nous valorisons l'autre en tant qu'individu et que nous sommes prêts à nous adapter à ses besoins uniques.

En outre, la sensibilité aux besoins des autres nous pousse à agir avec empathie. L'empathie est la capacité de se mettre à la place de l'autre, de ressentir ce qu'il ressent. Cela nous permet de comprendre la profondeur des luttes de quelqu'un et de répondre avec compassion. Lorsque nous ressentons les douleurs de ceux que nous accueillons, nous sommes plus enclins à leur offrir un soutien significatif. Cela pourrait signifier simplement offrir un espace sûr où ils peuvent partager leur histoire ou, à d'autres moments, cela pourrait exiger des actions plus concrètes, comme les aider à trouver des ressources ou à naviguer dans des situations difficiles.

La sensibilité aux besoins des autres va également de pair avec la reconnaissance de nos propres limites. Il est essentiel de comprendre que nous ne pouvons pas répondre à tous les besoins de chacun. Parfois, accueillir quelqu'un signifie reconnaître que nous avons besoin d'aide pour aider l'autre. Cela peut nécessiter de faire appel à des amis, à des membres de la famille ou à des organisations qui peuvent fournir un soutien supplémentaire. En étant honnêtes sur nos limites, nous créons un environnement plus authentique où l'hospitalité ne devient pas un fardeau, mais un acte d'amour partagé.

Il est également important de se rappeler que la sensibilité ne se limite pas aux besoins matériels. Les besoins émotionnels et spirituels sont tout aussi cruciaux. Lorsque nous accueillons quelqu'un, nous devons être attentifs à son bien-être général. Cela peut impliquer de discuter de ses espoirs et de ses aspirations, ou de prier avec lui pour ses luttes spirituelles. En créant des espaces pour ces conversations profondes, nous cultivons des relations qui vont au-delà de l'hospitalité superficielle.

Enfin, la sensibilité aux besoins des autres nous appelle à l'action. Il ne suffit pas de reconnaître les besoins ; nous devons également être prêts à agir. Cela peut signifier prendre l'initiative d'offrir un repas, d'accompagner quelqu'un à un rendez-vous ou de simplement passer du temps avec lui. Chaque acte de service devient une manifestation de l'amour que nous sommes appelés à partager.

En somme, la sensibilité aux besoins des autres est une condition essentielle de l'hospitalité. En écoutant, en faisant preuve d'empathie et en agissant avec intention, nous pouvons créer des espaces d'accueil qui répondent véritablement aux besoins de ceux qui frappent à notre porte. C'est dans ces interactions profondes que l'hospitalité devient une expression tangible de l'amour divin.

CHAPITRE 5

LES PRATIQUES DE L'HOSPITALITE
INVITER DES VOISINS A PARTAGER UN REPAS

L'une des pratiques les plus simples et enrichissantes de l'hospitalité est l'invitation des voisins à partager un repas. Cette tradition, profondément enracinée dans de nombreuses cultures, dépasse le simple acte de manger ensemble. Elle incarne une invitation à la communion, à la convivialité et à l'établissement de relations authentiques. Dans un monde de plus en plus individualiste, où les interactions humaines se raréfient, partager un repas peut devenir un acte radical d'hospitalité.

Partager un repas va au-delà de la nourriture elle-même ; il s'agit d'un symbole de partage, de réciprocité et d'ouverture. Lorsque nous invitons quelqu'un à notre table, nous offrons un espace de chaleur et de sécurité. C'est une occasion de créer des liens, de découvrir des histoires et de célébrer la diversité qui enrichit nos vies. En mangeant ensemble, nous nous déplaçons au-delà des frontières qui nous séparent, qu'elles soient culturelles, raciales ou sociales. La table devient un lieu de rencontre où les différences s'effacent et où l'humanité commune prend le pas.

Cela dit, inviter des voisins à partager un repas nécessite également une intentionnalité. Dans notre quotidien trépidant, il peut être facile de laisser passer l'occasion d'accueillir les autres. Cependant, il est essentiel de réfléchir à la manière dont nous pouvons intégrer cette pratique dans notre vie. Cela peut commencer par de petites étapes. Par exemple, nous pourrions organiser des dîners informels, où chacun peut apporter un plat à partager. Cette approche décontractée élimine la pression de devoir préparer un repas élaboré et crée un espace où chacun se sent libre de participer.

Il est également important de se rappeler que l'hospitalité ne doit pas être parfaite. Trop souvent, nous nous laissons paralysés par la peur de ne pas être à la hauteur ou de ne pas offrir une expérience « parfaite ». En réalité, ce qui compte le plus, c'est l'intention derrière l'invitation et l'authenticité de la rencontre. Les invités se souviendront moins de la qualité de la nourriture que des conversations, des rires et des moments partagés. En laissant de côté nos attentes irréalistes, nous nous ouvrons à la possibilité de créer des souvenirs précieux.

Partager un repas avec des voisins peut également être l'occasion d'aborder des sujets profonds et significatifs. Lors de ces rencontres, nous avons la possibilité d'écouter des histoires de vie, de partager nos propres expériences et de développer une compréhension mutuelle. Ces conversations peuvent devenir des moments de vulnérabilité et de croissance spirituelle. En créant un espace où les gens se sentent à l'aise pour s'exprimer, nous permettons à l'hospitalité d'aller au-delà du simple fait de se côtoyer ; elle devient un moyen de favoriser des relations profondes et significatives.

De plus, ces repas partagés peuvent renforcer le tissu social de notre communauté. En tissant des liens avec ceux qui nous entourent, nous contribuons à créer un environnement où chacun se sent valorisé et inclus. Cela devient particulièrement pertinent dans des sociétés de plus en plus fragmentées, où l'isolement et la solitude sont des réalités pour de nombreuses personnes. L'hospitalité, à travers des repas partagés, devient ainsi une manière de bâtir des ponts, de créer des réseaux de soutien et de cultiver un sentiment d'appartenance.

Enfin, cette pratique peut également nous sensibiliser aux réalités des autres. Lorsque nous accueillons des voisins d'horizons différents, nous avons l'occasion d'élargir notre perspective, d'apprendre des cultures et des traditions qui enrichissent nos vies. Dans un monde souvent marqué par la méfiance et la peur de l'Autre, partager un repas devient un acte de réconciliation et d'ouverture. Chaque rencontre nous rappelle que nous sommes tous en quête de connexion, de compréhension et de compassion.

En conclusion, inviter des voisins à partager un repas est une pratique simple mais puissante qui incarne l'hospitalité. Par cet acte, nous créons des espaces de chaleur, d'échange et d'ouverture. En cultivant ces moments de communion, nous pouvons transformer nos vies et celles de nos voisins, tout en bâtissant des communautés plus unies et inclusives.

Offrir un Soutien à un Collègue en Difficulté

En plus des repas partagés, une autre pratique essentielle de l'hospitalité consiste à offrir un soutien à un collègue en difficulté. Dans nos lieux de travail, où la pression et les exigences peuvent parfois devenir écrasantes, l'hospitalité prend la forme d'un soutien sincère et d'une écoute attentive. C'est un acte de solidarité qui peut avoir un impact significatif sur la vie d'une personne.

Le soutien que nous offrons à nos collègues peut se manifester de diverses manières. Parfois, il s'agit d'une simple conversation, d'une oreille attentive qui permet à une personne de partager ses préoccupations, ses doutes et ses luttes. Dans d'autres cas, cela peut impliquer des actions concrètes, comme offrir de l'aide sur un projet, partager des ressources ou simplement faire preuve de flexibilité. Lorsque nous reconnaissons que nos collègues affrontent des défis, nous nous engageons à créer un environnement de travail plus humain et compatissant.

Ce soutien est particulièrement crucial dans des moments de crise. Que ce soit une situation personnelle difficile, une maladie, un deuil ou tout autre défi, le fait de tendre la main à un collègue peut alléger son fardeau. En montrant que nous sommes là pour soutenir, nous lui offrons une source de réconfort et de force. Cela témoigne de notre engagement à créer une culture de bienveillance et de respect au sein de notre environnement de travail.

Il est également important d'être attentif aux signaux subtils qui peuvent indiquer qu'un collègue traverse une période difficile. Parfois, les gens ne s'expriment pas clairement sur leurs luttes, mais leurs comportements ou leurs attitudes peuvent révéler qu'ils ont besoin d'aide. Être sensible à ces signes et prendre l'initiative d'engager une conversation peut faire une différence significative. Cela démontre que nous sommes attentifs et que nous nous soucions réellement du bien-être des autres.

En outre, offrir un soutien à un collègue en difficulté ne doit pas se limiter aux interactions individuelles. Nous pouvons également encourager une culture d'hospitalité au sein de notre équipe ou de notre entreprise. Cela pourrait impliquer l'organisation d'activités de renforcement d'équipe, de moments de partage ou de séances de soutien collectif. En créant un environnement où chacun se sent valorisé et respecté, nous construisons des relations de confiance qui favorisent l'hospitalité.

Il est également crucial de se rappeler que le soutien ne se limite pas aux moments de crise. Prendre le temps d'encourager un collègue dans ses succès et ses réalisations, aussi minimes soient-elles, contribue également à renforcer les liens. L'hospitalité doit être une pratique continue, ancrée dans notre attitude quotidienne. En célébrant les réussites des autres, nous cultivons une atmosphère positive et encourageante qui favorise l'épanouissement de chacun.

Enfin, offrir un soutien à un collègue en difficulté nous amène à réfléchir à notre propre vulnérabilité. En reconnaissant que nous avons tous nos luttes et nos moments de faiblesse, nous développons une culture d'empathie et de compassion. Cela nous rappelle que l'hospitalité ne consiste pas seulement à donner, mais aussi à recevoir. En acceptant les offres de soutien lorsque nous en avons besoin, nous renforçons les liens de solidarité et de confiance.

En somme, offrir un soutien à un collègue en difficulté est une pratique cruciale de l'hospitalité qui contribue à créer un environnement de travail bienveillant. Par notre écoute, notre engagement et notre sensibilité, nous avons la capacité de transformer la vie des autres. L'hospitalité, dans ce contexte, devient un acte de solidarité qui nourrit non seulement les relations professionnelles, mais aussi notre humanité commune.

CHAPITRE 6

LES BENEFICES DE L'HOSPITALITE

UNE VOIE D'APPRENTISSAGE SPIRITUEL

L'hospitalité est bien plus qu'un simple acte de générosité ; elle représente une voie d'apprentissage spirituel unique et enrichissante. En accueillant les autres dans nos vies, nous entrons dans un processus de transformation qui nous rapproche non seulement de notre prochain, mais également de Dieu. Cette interaction humaine devient un miroir révélateur, nous montrant non seulement qui nous sommes, mais aussi qui nous pourrions devenir.

Lorsqu'on ouvre son foyer et son cœur à autrui, on s'expose à de nouvelles perspectives, à des expériences différentes et à des modes de vie variés. Chaque personne que nous accueillons apporte avec elle une histoire, une culture et une sagesse particulières.

Cet échange enrichissant nous offre une opportunité d'apprentissage qui va au-delà des frontières de nos propres expériences. En écoutant les récits de ceux qui sont différents de nous, nous développons une compréhension plus profonde des réalités humaines et des défis que chacun doit affronter.

L'hospitalité nous enseigne également l'humilité. En nous mettant au service des autres, nous apprenons à mettre de côté notre égoïsme et à reconnaître que notre propre vie n'est pas la seule digne d'attention.

Cela nous rappelle que nous sommes tous interconnectés, que notre bien-être est intrinsèquement lié à celui de nos voisins. Cette prise de conscience cultivée par l'hospitalité nous incite à agir avec compassion, à développer un cœur généreux qui cherche à servir plutôt qu'à dominer.

De plus, l'hospitalité devient un moyen d'explorer notre propre foi. En servant les autres et en répondant à leurs besoins, nous mettons en pratique les enseignements de Christ.

Cela nous permet de vivre notre foi de manière tangible, d'expérimenter la grâce divine dans nos interactions avec autrui. Chaque acte d'hospitalité devient une occasion de témoigner de l'amour de Dieu, d'incarner ses valeurs dans notre quotidien.

Dans un monde où l'individualisme prévaut souvent, l'hospitalité nous rappelle l'importance de la communauté. Elle nous enseigne que nous ne sommes pas faits pour vivre isolés, mais que nous avons besoin les uns des autres pour grandir et nous épanouir. En accueillant autrui, nous formons des liens qui renforcent notre tissu social et spirituel, nous permettant de nous soutenir mutuellement dans nos luttes et nos victoires.

L'hospitalité nous offre également une opportunité de réflexion personnelle. En accueillant les autres, nous sommes confrontés à nos propres préjugés, à nos peurs et à nos limites.

Cela nous oblige à nous questionner : sommes-nous vraiment ouverts à ceux qui sont différents de nous ? Sommes-nous prêts à dépasser nos zones de confort pour accueillir ceux qui en ont besoin ? Ces réflexions peuvent être inconfortables, mais elles sont essentielles pour notre croissance spirituelle.

Ainsi, l'hospitalité devient un chemin d'apprentissage spirituel qui nous façonne et nous transforme. Elle nous permet de développer un cœur aimant, une attitude de service et une compréhension plus profonde des réalités humaines. En accueillant les autres, nous accueillons également la présence de Dieu dans nos vies, créant ainsi un espace où l'amour et la compassion peuvent fleurir.

Une Source de Bénédictions

L'hospitalité, lorsqu'elle est pratiquée avec cœur, se révèle être une source inépuisable de bénédictions. Ces bénédictions ne se manifestent pas uniquement dans la vie de ceux que nous accueillons, mais également dans la nôtre. L'échange d'amour et de compassion que nous instaurons en accueillant autrui a des répercussions profondes et durables, tant sur le plan émotionnel que spirituel.

L'un des premiers bénéfices de l'hospitalité est la création de connexions humaines significatives. Dans un monde souvent marqué par l'isolement, l'accueil des autres nous permet de tisser des liens profonds. Ces relations, bâties sur la confiance, l'ouverture et la compréhension, deviennent des sources de réconfort et de soutien mutuel. En partageant des moments de vie, des rires et des larmes, nous renforçons notre sentiment d'appartenance à une communauté.

Ces connexions humaines sont également des vecteurs de joie. Accueillir les autres chez soi, partager des repas, échanger des histoires et rire ensemble, tout cela contribue à créer un environnement de chaleur et de bonheur. Les simples gestes d'hospitalité, comme offrir un café à un ami ou préparer un repas pour un voisin, peuvent illuminer une journée et apporter une légèreté d'esprit. Ces moments partagés, bien que parfois fugaces, laissent une empreinte durable sur nos cœurs.

L'hospitalité a également le pouvoir de transformer notre perspective sur la vie. Lorsque nous accueillons ceux qui sont différents de nous, nous sommes invités à sortir de notre bulle d'habitudes et de certitudes.

Cet élargissement de notre horizon nous aide à développer une plus grande empathie et une compréhension des luttes des autres. En apprenant à connaître les histoires des personnes que nous accueillons, nous découvrons des facettes de la vie que nous n'aurions peut-être jamais envisagées. Cela enrichit notre expérience de la vie et nous aide à devenir des êtres humains plus complets.

Une autre bénédiction de l'hospitalité réside dans la sensibilité accrue aux besoins des autres. En accueillant autrui, nous développons une attention à leurs luttes et à leurs défis.

Cela nous pousse à agir avec bienveillance et à tendre la main à ceux qui en ont besoin. Ce processus d'échange, où nous donnons et recevons, crée un cycle de générosité qui contribue à renforcer notre tissu social et à bâtir des communautés plus solidaires.

En outre, l'hospitalité peut devenir un instrument de guérison. Pour ceux qui traversent des périodes difficiles, savoir qu'ils sont accueillis et acceptés peut apporter une immense consolation. L'hospitalité devient alors un moyen de restaurer des cœurs brisés, d'apaiser des douleurs et de redonner espoir. En offrant un espace sûr où les gens peuvent partager leurs luttes, nous contribuons à leur processus de guérison.

Il est également important de noter que l'hospitalité est souvent récompensée par des bénédictions inattendues. En accueillant les autres, nous découvrons souvent des talents, des compétences ou des idées que nous n'aurions pas rencontrées autrement. Ces échanges peuvent conduire à de nouvelles amitiés, collaborations ou opportunités qui enrichissent nos vies de manière insoupçonnée. La diversité des expériences et des perspectives que nous rencontrons en accueillant autrui élargit notre propre vision du monde.

Enfin, l'hospitalité devient un moyen de vivre notre foi de manière concrète. En mettant en pratique les enseignements de Christ, nous découvrons que notre vie prend un sens plus profond.

Chaque acte d'hospitalité devient une opportunité de témoigner de l'amour de Dieu. En accueillant ceux qui en ont besoin, nous nous engageons à être des instruments de paix et de réconciliation. Ces bénédictions spirituelles et émotionnelles se multiplient, enrichissant notre propre cheminement de foi.

En somme, l'hospitalité est une source inépuisable de bénédictions, tant pour ceux que nous accueillons que pour nous-mêmes. Elle crée des connexions humaines significatives, apporte de la joie, élargit notre perspective, et nous sensibilise aux besoins des autres. En pratiquant l'hospitalité, nous découvrons une richesse qui dépasse les simples gestes d'accueil, nous transformant et enrichissant notre vie spirituelle.

CHAPITRE 7

EXERCER L'HOSPITALITE AVEC UN ESPRIT DE DISCERNEMENT
LA NECESSITE DU DISCERNEMENT

Alors que l'hospitalité nous appelle à ouvrir nos cœurs et nos portes, il est primordial de le faire avec un esprit de discernement. Accueillir autrui avec générosité et compassion est une bénédiction, mais cela nécessite également une vigilance et une sagesse qui nous protègent tout en nous permettant de servir. L'art de l'hospitalité ne se limite pas à l'acte de recevoir, mais englobe une évaluation réfléchie des circonstances, des personnes et des besoins.

Le discernement est une qualité essentielle dans notre interaction avec les autres, en particulier dans un monde où les intentions peuvent être obscures et où les situations peuvent devenir complexes. Dans le cadre de l'hospitalité, le discernement nous permet de naviguer entre l'ouverture et la prudence, entre l'accueil inconditionnel et la protection de notre espace personnel ainsi que de ceux qui nous sont chers. En d'autres termes, il s'agit de savoir quand et comment accueillir, tout en restant conscient des possibles enjeux qui peuvent surgir.

Le discernement commence par une écoute attentive. Lorsque nous accueillons quelqu'un, il est essentiel d'écouter non seulement les mots qu'il prononce, mais aussi les émotions qui les sous-tendent. Chaque individu a une histoire, et comprendre ce qui l'amène à notre porte nous aide à évaluer la nature de cette rencontre. L'écoute active nous permet de saisir les nuances de la communication, nous aidant ainsi à identifier les besoins réels de la personne que nous accueillons.

Il est également crucial de reconnaître que notre désir d'hospitalité ne doit pas nous rendre aveugles aux signaux d'alerte. Chaque interaction possède ses propres dynamiques, et il est important de rester attentif aux comportements qui pourraient indiquer des intentions malveillantes ou une quête de profit personnel. Cela ne signifie pas que nous devons devenir méfiants ou cyniques, mais plutôt que nous devrions cultiver une vigilance bienveillante. En restant attentifs aux signaux de détresse ou d'inconfort, nous pouvons ajuster notre approche et créer un environnement sécuritaire pour nous-mêmes et pour nos invités.

Le discernement s'applique également au choix des personnes que nous accueillons. Dans un monde où la diversité des expériences et des backgrounds est une réalité, il est essentiel de réfléchir à la manière dont nos propres préjugés peuvent altérer notre jugement. Le discernement nous encourage à dépasser nos stéréotypes et à accueillir ceux qui sont en dehors de notre zone de confort, mais il nous aide aussi à reconnaître les limites de nos capacités à répondre aux besoins de chaque individu. Parfois, il est nécessaire de diriger une personne vers des ressources appropriées plutôt que d'essayer de tout gérer par nous-mêmes.

En outre, l'exercice du discernement nous invite à considérer le contexte de l'hospitalité. Accueillir quelqu'un à notre table demande une attention particulière à notre propre environnement et à nos circonstances. Cela inclut non seulement notre état émotionnel et mental, mais aussi notre capacité à offrir un espace accueillant. Si nous nous trouvons dans une période de stress ou de fatigue, il peut être bénéfique de prendre du recul et de réévaluer notre capacité à offrir une hospitalité authentique. En ayant cette conscience de soi, nous préservons notre bien-être tout en assurant que notre accueil est généreux et véritable.

Le discernement est également essentiel dans le cadre des relations communautaires. En tant que membres de notre communauté, nous avons un rôle à jouer dans l'équilibre entre l'accueil et la protection. Parfois, des personnes peuvent entrer dans nos vies avec des intentions qui ne sont pas en accord avec nos valeurs ou celles de notre communauté. Le discernement nous permet de réfléchir aux implications de notre accueil, tant pour nous que pour les autres. Cela nous aide à établir des limites saines et à promouvoir une culture d'hospitalité qui soit à la fois ouverte et protectrice.

En conclusion, le discernement est une compétence cruciale dans l'exercice de l'hospitalité. En cultivant une écoute attentive, en étant conscient des signaux d'alerte et en réfléchissant au contexte de notre accueil, nous pouvons garantir que notre hospitalité soit véritablement bienveillante et éclairée. L'hospitalité est un acte de foi et de générosité, mais elle doit également s'accompagner d'une sagesse qui nous guide dans nos choix et nos interactions.

Établir des Limites

Pratiquer l'hospitalité avec discernement signifie également savoir établir des limites claires. Les limites ne sont pas des barrières qui excluent, mais plutôt des lignes de protection qui garantissent que notre accueil reste sain et équilibré. Elles nous permettent de préserver non seulement notre bien-être, mais aussi celui de ceux que nous accueillons.

Établir des limites commence par une compréhension claire de nos propres besoins et de nos capacités. Cela implique une introspection honnête : jusqu'où sommes-nous prêts à aller pour accueillir les autres ? Quels sont les aspects de notre vie que nous ne sommes pas prêts à sacrifier ? La clarté sur ces questions est primordiale pour éviter de se sentir accablé ou exploité dans nos efforts d'hospitalité.

Il est également essentiel de communiquer ces limites de manière ouverte et respectueuse. Lorsqu'une personne est accueillie, il est bénéfique de partager avec elle ce que vous êtes prêt à offrir. Cela peut inclure des aspects spécifiques de l'hospitalité, comme la durée de votre accueil, les ressources que vous pouvez fournir ou les en-cas que vous servez. En étant transparent sur vos possibilités, vous créez un espace où l'autre peut se sentir en sécurité et respecté.

Les limites ne doivent pas être perçues comme un manque de générosité. Au contraire, elles sont une expression de respect, tant pour soi-même que pour l'autre. En fixant des limites saines, nous renforçons notre capacité à donner de manière authentique. Cela nous évite de nous sentir épuisés ou sous pression, ce qui pourrait nuire à l'esprit d'accueil que nous souhaitons créer. L'hospitalité devient alors un acte joyeux, loin des obligations écrasantes.

Il est aussi important de reconnaître que l'établissement de limites peut parfois engendrer des tensions ou des malentendus. Certaines personnes peuvent réagir négativement à ces limites, les percevant comme un rejet. C'est dans ces moments qu'une communication claire et empathique devient cruciale. Expliquer les raisons de nos limites, en soulignant qu'elles ne sont pas des refus, mais plutôt des manières de veiller à notre bien-être et à celui des autres, peut aider à établir une compréhension mutuelle.

Les limites doivent également être flexibles. La vie est par nature imprévisible, et il peut arriver que des situations exigent une réévaluation de nos limites initiales. Cela peut signifier qu'un ami ou un voisin traverse une crise et a besoin de soutien supplémentaire. Dans de telles circonstances, être prêt à ajuster nos limites tout en restant attentif à nos propres besoins et à notre équilibre personnel est une compétence précieuse. L'hospitalité s'épanouit dans la flexibilité, mais cette flexibilité doit toujours être équilibrée par une conscience de soi.

Enfin, établir des limites permet de créer un environnement d'hospitalité qui encourage la réciprocité. Lorsqu'on fixe des limites claires, les personnes que nous accueillons sont également incitées à respecter nos besoins et à se montrer réceptives. Cette dynamique favorise des relations équilibrées et saines, où chacun se sent valorisé et respecté. Les limites permettent ainsi de renforcer les liens d'amitié et de solidarité, tout en préservant un espace d'accueil authentique.

En conclusion, établir des limites est une composante essentielle de l'hospitalité éclairée. Cela nous permet de préserver notre bien-être tout en garantissant que notre accueil reste généreux et authentique. Par une communication ouverte et une flexibilité réfléchie, nous pouvons créer des espaces d'hospitalité qui soient à la fois accueillants et respectueux, enrichissant nos vies et celles de ceux que nous accueillons.

Ce développement du chapitre 7 se penche sur l'importance du discernement et l'établissement de limites dans l'exercice de l'hospitalité.

CHAPITRE 8

L'IMMIGRATION CLANDESTINE A ÉVITER
L'IMMIGRATION CLANDESTINE : UNE PRATIQUE ILLEGALE

L'immigration clandestine pose de nombreuses questions complexes et éthiques qui touchent à la fois les individus concernés et les sociétés qui les accueillent. Elle désigne le fait de franchir des frontières nationales sans autorisation légale, souvent dans le but d'échapper à des conditions de vie insupportables, à des conflits ou à des persécutions. Bien que les motivations des immigrants clandestins soient souvent compréhensibles et fondées sur un désir légitime de sécurité et de prospérité, cette pratique soulève des enjeux juridiques, économiques et éthiques qui ne peuvent être ignorés.

Au cœur de la question de l'immigration clandestine se trouve la notion de légalité. Les lois sur l'immigration varient d'un pays à l'autre, mais elles sont souvent conçues pour protéger les intérêts nationaux et réguler l'entrée des étrangers sur un territoire. Lorsque des individus choisissent de passer en dehors de ces lois, ils s'exposent à des risques non seulement pour leur propre sécurité, mais également pour le tissu social et économique des pays qu'ils tentent de rejoindre.

Les conséquences de l'immigration clandestine sont multiples. D'une part, elle peut engendrer des tensions au sein des sociétés d'accueil. Les immigrants clandestins sont souvent perçus comme des individus qui violent les lois, ce qui peut susciter des sentiments d'injustice et de méfiance parmi la population locale.

Cela est particulièrement vrai lorsque les ressources économiques, telles que l'emploi et les services sociaux, sont déjà sous pression. L'absence de régulation de l'immigration peut aggraver des inégalités et susciter des sentiments d'hostilité envers ceux qui sont perçus comme des usurpateurs.

D'autre part, l'immigration clandestine expose les individus à des conditions de vie précaires et dangereuses. Les migrants qui empruntent des voies illégales sont souvent victimes d'exploitation, de trafic d'êtres humains et de violence. Leur vulnérabilité est accrue par leur statut illégal, qui les empêche de revendiquer leurs droits et d'accéder à des services de base. En cherchant à fuir des conditions difficiles, ils se retrouvent souvent piégés dans des situations encore plus dangereuses, ce qui soulève de sérieuses préoccupations éthiques.

Il est également essentiel de reconnaître que l'immigration clandestine est souvent le résultat de circonstances extrêmes, telles que la guerre, la pauvreté ou la persécution politique. Ces facteurs poussent de nombreuses personnes à prendre des risques inouïs pour leur survie et celle de leur famille. Dans ce contexte, il est crucial de faire preuve de compassion et d'empathie envers ceux qui choisissent de migrer illégalement. Cependant, cela ne doit pas occulter la nécessité d'une approche équilibrée qui respecte la légalité tout en tenant compte des besoins humains fondamentaux.

Pour aborder la question de l'immigration clandestine, il est nécessaire de promouvoir des solutions qui ne se limitent pas à criminaliser les migrants. Cela implique de comprendre les causes profondes de cette immigration et de travailler à des solutions globales qui répondent à ces défis. Cela pourrait inclure des efforts pour améliorer les conditions de vie dans les pays d'origine, des initiatives de développement économique, ainsi que des politiques d'immigration plus justes et inclusives dans les pays d'accueil.

En somme, bien que l'immigration clandestine soit une pratique illégale, elle nécessite une analyse nuancée qui prend en compte à la fois les défis juridiques et les réalités humaines. En adoptant une approche équilibrée, nous pouvons espérer créer des politiques qui protègent les droits des migrants tout en respectant l'intégrité des lois nationales.

La Promesse Fallacieuse d'un Paradis

L'immigration clandestine est souvent alimentée par la promesse d'une vie meilleure, d'un "paradis" qui se révèle être une illusion. Pour de nombreux immigrants, l'idée de quitter leur pays d'origine pour une terre d'opportunités est empreinte d'espoir. Cependant, cette promesse peut s'avérer fallacieuse, car les réalités auxquelles ils sont confrontés dans le pays d'accueil peuvent être bien différentes de ce qu'ils avaient imaginé.

La recherche d'un avenir meilleur est universelle, et il n'est pas surprenant que de nombreuses personnes soient prêtes à risquer leur vie pour atteindre ce qu'elles perçoivent comme une terre promise. Les récits de prospérité, de sécurité et de liberté, souvent amplifiés par les médias et les réseaux sociaux, créent une image séduisante qui peut inciter des gens à emprunter des voies dangereuses pour entrer dans un pays. Cependant, ces récits ne tiennent souvent pas compte des défis et des obstacles que les immigrants devront surmonter une fois qu'ils auront franchi la frontière.

Une fois sur place, les immigrants clandestins se retrouvent souvent confrontés à une réalité difficile. La promesse d'un emploi stable se heurte à des expériences de discrimination, de précarité et de conditions de travail abusives. De nombreux migrants clandestins acceptent des emplois mal rémunérés et précaires, souvent dans des secteurs de l'économie où les droits des travailleurs sont facilement contournés. Loin d'être le paradis espéré, leur réalité se transforme en un quotidien de lutte et de survie.

De plus, la peur de l'expulsion et de la répression contribue à rendre leur existence encore plus précieuse. Les immigrants clandestins vivent dans l'angoisse constante d'être découverts et expulsés. Cette peur peut les amener à accepter des abus, à éviter les autorités, et à vivre dans l'ombre, ce qui les prive souvent de l'accès à des services essentiels tels que la santé, l'éducation et la protection juridique. Ainsi, au lieu de trouver un refuge, ils se retrouvent souvent piégés dans un cycle de vulnérabilité et d'exploitation.

Il est également important de souligner que la promesse fallacieuse d'un paradis peut avoir des conséquences néfastes pour les pays d'accueil. L'afflux de migrants clandestins peut engendrer des tensions sociales et économiques, alimentant des sentiments d'hostilité et de rejet parmi la population locale. On assiste alors à une polarisation croissante sur la question de l'immigration, où les immigrants sont souvent stigmatisés et perçus comme des menaces plutôt que comme des contributeurs potentiels à la société.

Pour aborder cette problématique, il est crucial de promouvoir une vision réaliste de l'immigration. Cela nécessite un dialogue ouvert et honnête sur les défis auxquels sont confrontés les immigrants, ainsi que sur les contributions qu'ils peuvent apporter à la société. En créant des espaces de rencontre et d'échange, nous pouvons commencer à déconstruire les mythes entourant l'immigration et favoriser une meilleure compréhension des réalités vécues par ceux qui cherchent une vie meilleure.

Il est également essentiel de travailler à des solutions qui s'attaquent aux causes profondes de l'immigration clandestine. Cela pourrait inclure des efforts pour améliorer les conditions de vie dans les pays d'origine, favoriser le développement économique et promouvoir la stabilité politique. En offrant des alternatives viables aux individus qui envisagent l'immigration, nous pouvons contribuer à réduire la pression qui les pousse à prendre des risques.

En conclusion, bien que l'immigration clandestine émane souvent d'une quête légitime d'un avenir meilleur, la promesse d'un paradis peut s'avérer fallacieuse. Il est impératif d'aborder cette réalité avec compassion et compréhension, tout en travaillant à des solutions qui répondent aux besoins des migrants tout en respectant les lois nationales. En favorisant un dialogue ouvert et en abordant les causes profondes de l'immigration, nous pouvons espérer créer un avenir où l'hospitalité et la responsabilité coexistent harmonieusement.

Ce développement du chapitre 8 aborde les enjeux de l'immigration clandestine, en se concentrant sur la nature illégale de cette pratique et sur la promesse fallacieuse d'un paradis.

CHAPITRE 9

L'URGENCE DE SENSIBILISER LA JEUNESSE

LA JEUNESSE : UN AVENIR A FAÇONNER

La jeunesse représente non seulement l'avenir d'une nation mais aussi son potentiel immédiat. Les jeunes d'aujourd'hui sont les leaders, les penseurs et les créateurs de demain. Dans un monde en perpétuelle évolution, la manière dont nous choisissons de les sensibiliser est cruciale.

La sensibilisation des jeunes aux enjeux contemporains, qu'ils soient sociaux, environnementaux ou politiques, est plus urgente que jamais. C'est un processus qui exige non seulement une réflexion critique, mais également un engagement actif.

La jeunesse est à un stade de la vie où les valeurs se forment, les croyances se solidifient, et les choix se dessinent. C'est une période cruciale où les jeunes définissent non seulement leur identité, mais aussi leur rôle dans la société. Ils sont souvent plus réceptifs aux idées nouvelles et aux changements, ce qui en fait un groupe démographique idéal pour initier des dialogues sur des questions essentielles telles que la justice sociale, l'égalité, le changement climatique et la solidarité humaine.

Cependant, cette sensibilité à l'injustice et à l'inégalité peut être facilement étouffée par le conformisme et l'indifférence. C'est pourquoi il est impératif de créer des espaces où les jeunes peuvent s'exprimer librement, poser des questions critiques et développer leur esprit critique. La sensibilisation doit se faire de manière consciente et réfléchie, en les encourageant à explorer les réalités de notre monde et à se questionner sur leur place et leur rôle au sein de celui-ci.

La technologie joue un rôle essentiel dans cette sensibilisation. Les jeunes générations, souvent décrites comme des "digital natives", ont un accès sans précédent à l'information. Les réseaux sociaux, les plateformes en ligne et les forums de discussion leur offrent des possibilités infinies d'apprendre et de partager des idées. Cependant, cette même technologie peut également être un terrain fertile pour la désinformation et la manipulation. Il est donc crucial d'éduquer les jeunes sur la manière d'utiliser ces outils de manière responsable et critique.

L'éducation formelle doit également jouer un rôle dans cette sensibilisation. Les écoles et les institutions d'enseignement sont des lieux privilégiés pour inculquer des valeurs d'empathie, de solidarité et de justice. Cela peut se traduire par des programmes éducatifs axés sur la citoyenneté, la diversité et le respect des droits de l'homme. En intégrant ces thèmes dans le cursus académique, nous pouvons aider les jeunes à développer une conscience sociale aiguisée et à devenir des citoyens engagés.

Il est également essentiel de favoriser l'implication des jeunes dans des projets communautaires. Participer à des initiatives locales leur permet de vivre des expériences concrètes et d'appliquer les valeurs qu'ils apprennent. Cela crée un sentiment d'appartenance et renforce leur capacité à agir. Les jeunes qui s'engagent dans leur communauté sont souvent plus à même de comprendre les enjeux locaux et globaux, et de se sentir investis dans leur avenir.

Il est également crucial d'encourager le dialogue intergénérationnel. Les jeunes peuvent bénéficier de l'expérience et de la sagesse des générations précédentes, tandis que les aînés peuvent apprendre des idées et de l'énergie des jeunes. Ce dialogue bidirectionnel favorise une compréhension mutuelle et crée des ponts entre les générations. En unissant leurs forces, les jeunes et les aînés peuvent travailler ensemble pour façonner un avenir plus juste et durable.

Enfin, la sensibilisation ne doit pas se limiter à des enjeux spécifiques. Elle doit être holistique et inclure des discussions sur l'identité, la culture, la santé mentale et le bien-être.

La jeunesse est confrontée à de nombreux défis, et il est essentiel de leur fournir les outils nécessaires pour naviguer dans ces complexités. Cela peut se traduire par des ateliers, des séminaires et des espaces de discussion qui favorisent une culture de soutien et d'empathie.

En somme, la jeunesse est un avenir à façonner, et la sensibilisation est la clé pour ouvrir la voie à un monde meilleur. En les engageant dans des dialogues significatifs, en les éduquant sur les enjeux contemporains et en leur offrant des opportunités d'action, nous pouvons contribuer à façonner des citoyens éclairés et responsables. La responsabilité de cette sensibilisation incombe à la société dans son ensemble : familles, éducateurs, communautés et gouvernements doivent collaborer pour forger un avenir dans lequel la jeunesse est armée pour relever les défis qui l'attendent.

Les Enjeux Sociaux : Une Réalité à Comprendre

Les enjeux sociaux auxquels notre société est confrontée aujourd'hui sont divers et complexes. Ces défis, allant de la pauvreté à l'inégalité raciale, en passant par la crise climatique, touchent profondément la vie des jeunes. Il est donc crucial de les sensibiliser à ces réalités pour qu'ils puissent non seulement comprendre le monde dans lequel ils vivent, mais aussi agir pour le changer.

La pauvreté reste l'un des enjeux sociaux les plus pressants. Selon les statistiques, des millions de jeunes vivent dans des conditions de précarité, ce qui affecte non seulement leur accès à l'éducation et à la santé, mais aussi leur bien-être général. La sensibilisation à cette réalité doit aller au-delà des chiffres ; elle doit inclure des histoires personnelles qui illustrent l'impact dévastateur de la pauvreté sur les individus et les familles. En écoutant ces récits, les jeunes peuvent développer une empathie et une compréhension plus profondes des luttes des autres.

L'inégalité raciale et les discriminations sont également des questions cruciales à aborder. La jeunesse doit être éduquée sur l'histoire des luttes pour les droits civiques, sur les injustices systémiques et sur les mouvements actuels qui cherchent à promouvoir l'égalité. Cela nécessite non seulement une réflexion sur les privilèges, mais aussi une prise de conscience des biais qui peuvent exister dans notre société. En développant une compréhension critique de ces enjeux, les jeunes peuvent devenir des alliés dans la lutte pour la justice sociale.

La crise climatique représente un autre défi majeur qui nécessite une attention particulière. Les jeunes d'aujourd'hui sont les premiers à ressentir les effets dévastateurs du changement climatique, qu'il s'agisse de phénomènes météorologiques extrêmes, de la montée du niveau de la mer ou de la perte de biodiversité. Sensibiliser les jeunes à ces enjeux est crucial, car ils sont les principaux acteurs du changement dont le monde a besoin. Cela implique de leur fournir des connaissances sur les causes du changement climatique, mais également des outils pratiques pour réduire leur empreinte écologique et promouvoir des modes de vie durables.

En outre, la santé mentale est un enjeu social en pleine expansion. De plus en plus de jeunes souffrent de problèmes de santé mentale, exacerbés par des facteurs tels que la pression académique, les attentes sociales et l'utilisation des réseaux sociaux. Il est impératif de sensibiliser les jeunes à l'importance de la santé mentale et de l'ouverture à la discussion sur ces problèmes. En créant un environnement où ils se sentent à l'aise pour parler de leur bien-être émotionnel, nous contribuons à briser les tabous qui entourent la santé mentale et à promouvoir un soutien mutuel.

La violence et le harcèlement sont également des sujets qui nécessitent une attention particulière. Les jeunes doivent être éduqués sur la manière de reconnaître et de prévenir la violence, que ce soit dans le cadre scolaire, familial ou communautaire. Cela implique de promouvoir des compétences en matière de résolution de conflits, de communication et de respect des différences. En apprenant à s'affirmer de manière positive et à respecter les autres, les jeunes peuvent contribuer à créer des environnements plus sûrs et inclusifs.

Il est également important d'aborder les enjeux de la désinformation et des fausses nouvelles qui circulent sur les réseaux sociaux. Dans un monde où l'information est omniprésente, il est essentiel d'apprendre aux jeunes à faire preuve d'esprit critique face aux sources d'information. Cela inclut des enseignements sur la vérification des faits, l'analyse des biais médiatiques et la compréhension des algorithmes qui façonnent notre consommation de l'information. Sensibiliser à la désinformation permet aux jeunes de devenir des consommateurs d'informations éclairés et responsables.

Enfin, il est crucial d'encourager les jeunes à devenir des agents de changement. La sensibilisation ne doit pas se limiter à la prise de conscience des enjeux, mais doit également inclure des opportunités d'action. Que ce soit par le biais de projets communautaires, de campagnes de sensibilisation ou de mouvements de plaidoyer, les jeunes doivent être encouragés à s'engager activement dans leur communauté. En les dotant des outils nécessaires pour agir, nous leur permettons de prendre leur destin en main et de travailler pour un avenir meilleur.

En résumé, les enjeux sociaux sont une réalité à comprendre pour les jeunes d'aujourd'hui. En les sensibilisant à la pauvreté, à l'inégalité raciale, à la crise climatique, à la santé mentale et à d'autres défis contemporains, nous les aidons à développer une conscience sociale et un sens de l'engagement. Cette sensibilisation est essentielle pour forger une génération capable de relever les défis de demain et de construire un monde plus juste et équitable.

Des Initiatives pour Éveiller les Consciences

Pour sensibiliser efficacement la jeunesse, il est impératif de mettre en place des initiatives qui éveillent les consciences et encouragent l'engagement. Ces initiatives peuvent prendre de nombreuses formes, allant des programmes éducatifs aux projets communautaires, en passant par des campagnes de sensibilisation. L'objectif principal est de créer des espaces où les jeunes peuvent apprendre, discuter et agir sur des enjeux qui les touchent directement.

Les programmes éducatifs sont un moyen fondamental de sensibiliser les jeunes aux enjeux sociaux. Dans les écoles, il est essentiel d'intégrer des modules qui abordent des thèmes tels que la justice sociale, l'environnement, la santé mentale et les droits de l'homme. Ces modules devraient être interactifs et encourageant la participation active des élèves. Par exemple, des ateliers de débat, des discussions en petits groupes et des projets de recherche peuvent stimuler la curiosité intellectuelle et favoriser un dialogue ouvert.

En outre, l'utilisation de supports multimédias peut enrichir l'expérience d'apprentissage. Des documentaires, des podcasts, des vidéos et des ressources interactives peuvent rendre les enjeux contemporains plus tangibles et accessibles. Les jeunes, souvent très connectés, peuvent être plus facilement engagés à travers des formats qui leur parlent et qui sont adaptés à leurs habitudes de consommation de l'information.

Les projets communautaires offrent également une plateforme précieuse pour l'engagement des jeunes. Participer à des initiatives locales, qu'il s'agisse de nettoyage de parcs, de soutien à des refuges ou de campagnes alimentaires, permet aux jeunes de vivre des expériences concrètes tout en contribuant à leur communauté. Ces activités renforcent le sentiment d'appartenance et leur montrent que leur action peut avoir un impact réel sur leur environnement.

Les compétitions et les hackathons peuvent également être des outils efficaces pour éveiller les consciences. En organisant des événements où les jeunes doivent trouver des solutions créatives à des problèmes sociaux, nous stimulons leur esprit d'innovation et leur engagement. Cela leur permet de prendre part à des discussions sur des enjeux fondamentaux tout en développant des compétences pratiques.

Les plateformes numériques jouent un rôle crucial dans l'éveil des consciences des jeunes. Les réseaux sociaux peuvent être utilisés comme des outils de sensibilisation puissants. En partageant des histoires, des témoignages et des informations sur des enjeux sociaux, les jeunes peuvent toucher un public plus large. Les campagnes de solidarité en ligne peuvent également mobiliser des actions concrètes et inciter les jeunes à s'impliquer dans des causes qui les passionnent.

Il est également essentiel de favoriser la création de groupes de jeunes ambassadeurs pour des causes spécifiques. Ces groupes peuvent être formés autour de thématiques comme la justice climatique, l'égalité des genres ou la lutte contre la pauvreté. En étant des porte-parole de ces causes, les jeunes peuvent sensibiliser leurs pairs et agir comme des catalyseurs de changement au sein de leur communauté.

Les forums de discussion et les tables rondes offrent également des occasions précieuses d'échange d'idées et de partage d'expériences. En rassemblant des jeunes, des experts et des leaders communautaires, ces espaces de dialogue peuvent encourager une réflexion profonde sur des enjeux cruciaux. Ces discussions intergénérationnelles sont essentielles pour créer des ponts entre les différentes générations et pour favoriser un échange de savoirs.

Enfin, il est crucial de valoriser les initiatives de jeunesse en mettant en avant les réussites et les exemples inspirants. Cela peut se faire à travers des campagnes de communication, des prix ou des événements qui célèbrent l'engagement des jeunes. En reconnaissant leur contribution, nous les encourageons à continuer à s'investir et à agir positivement.

En conclusion, des initiatives variées et engageantes sont nécessaires pour éveiller les consciences des jeunes aux enjeux sociaux contemporains. En combinant éducation, action communautaire, utilisation des médias numériques et dialogue intergénérationnel, nous pouvons créer un environnement propice à l'apprentissage et à l'engagement. Sensibiliser la jeunesse est une responsabilité collective qui nécessite la collaboration de tous les acteurs de la société, des familles aux institutions en passant par les gouvernements et les organisations.

CHAPITRE 10

LA JEUNESSE FACE AUX DERIVES DES RESEAUX SOCIAUX
ET DE L'OUTIL INFORMATIQUE

Les Réseaux Sociaux : Un Double Tranchant

Les réseaux sociaux sont devenus des piliers incontournables de la vie moderne, façonnant non seulement la manière dont nous communiquons, mais aussi la manière dont nous nous percevons et percevons le monde. Pour la jeunesse, ces plateformes peuvent être à la fois des outils d'émancipation et de connexion, mais aussi des sources de dérives et de vulnérabilités. Alors que les jeunes naviguent dans cet espace numérique complexe, il est crucial de comprendre les implications de leur utilisation des réseaux sociaux et les dangers qui y sont associés.

L'un des aspects les plus séduisants des réseaux sociaux est leur capacité à créer des communautés. Les jeunes peuvent se connecter avec des pairs partageant des intérêts similaires, échanger des idées et s'engager dans des discussions enrichissantes. Ces interactions peuvent favoriser un sentiment d'appartenance et nourrir des passions communes. Par exemple, des mouvements sociaux, des initiatives de sensibilisation et des campagnes de solidarité se sont souvent propulsés sur ces plateformes, permettant à la jeunesse de s'organiser et de revendiquer des changements.

Cependant, cette connectivité apporte également son lot de dérives. Les jeunes peuvent facilement se retrouver piégés dans des bulles d'informations, où ils ne sont exposés qu'à des opinions et des contenus qui renforcent leurs croyances existantes. Ce phénomène, connu sous le nom de "bulles de filtrage", peut nuire au développement d'une pensée critique. En s'enfermant dans des écosystèmes identitaires, les jeunes risquent de perdre la capacité d'engager des dialogues constructifs avec ceux qui détiennent des points de vue divergents.

En outre, la quête de validation à travers les "likes" et les partages peut engendrer des comportements d'auto-censure et une obsession pour l'image personnelle. Les jeunes, en particulier les adolescents, peuvent ressentir une pression immense pour se conformer à des normes irréalistes de beauté et de réussite, souvent véhiculées par des influenceurs et des célébrités. Cette quête de perfection peut conduire à des sentiments d'insuffisance, d'anxiété et de dépression. Les études montrent une corrélation inquiétante entre l'utilisation intensive des réseaux sociaux et la détérioration de la santé mentale chez les jeunes.

Les dérives des réseaux sociaux ne se limitent pas à la santé mentale. La désinformation et les fake news sont devenues des fléaux que l'on retrouve sur ces plateformes. Les jeunes, souvent moins expérimentés dans l'analyse critique des informations, peuvent être facilement influencés par des contenus trompeurs. La propagation rapide de fausses informations, qu'elles soient liées à des enjeux politiques, sanitaires ou sociaux, perturbe leur perception de la réalité. Cela souligne l'importance d'une éducation médiatique qui permet aux jeunes de naviguer plus intelligemment dans l'univers numérique.

La cyberintimidation est un autre aspect sombre des réseaux sociaux. La facilité de l'anonymat en ligne a donné lieu à des comportements agressifs et hostiles qui peuvent avoir des conséquences dévastatrices. Les victimes peuvent souffrir d'isolement, d'anxiété et de dépression, tout en étant souvent incapables de se défendre. La lutte contre le harcèlement en ligne doit donc faire partie des efforts de sensibilisation pour protéger la jeunesse dans cet espace numérique.

Face à ces dérives, il est impératif d'adopter une approche proactive pour éduquer les jeunes sur les enjeux liés à l'utilisation des réseaux sociaux. Cela nécessite un dialogue ouvert sur les défis qu'ils rencontrent et des stratégies pour naviguer dans ces eaux tumultueuses. L'éducation à la citoyenneté numérique, qui comprend des compétences en matière de pensée critique, de gestion des émotions et de respect des autres en ligne, doit devenir une priorité dans les écoles et les foyers.

Les jeunes doivent être encouragés à développer leur résilience numérique. Cela inclut la capacité à se distancier de la validation externe et à se concentrer sur leur bien-être personnel. En favorisant une culture de la bienveillance, tant en ligne qu'hors ligne, nous pouvons contribuer à créer des espaces plus sûrs et plus inclusifs pour la jeunesse. Cela nécessite également un engagement collectif des parents, des éducateurs et des décideurs politiques pour instaurer des normes et des politiques qui protègent les jeunes dans l'environnement numérique.

En conclusion, les réseaux sociaux représentent un double tranchant pour la jeunesse. Ils offrent des opportunités de connexion et de partage, tout en posant des risques pour la santé mentale, la perception de la réalité et la sécurité. Il est essentiel d'éduquer les jeunes sur ces enjeux afin qu'ils puissent naviguer dans cet espace avec discernement et confiance, tout en promouvant une culture de respect et de responsabilité.

L'Outil Informatique : Une Éducation Numérique Nécessaire

À l'ère numérique, l'outil informatique est devenu omniprésent dans le quotidien des jeunes. Qu'il s'agisse de l'utilisation d'ordinateurs, de tablettes ou de smartphones, la technologie joue un rôle fondamental dans l'éducation, le divertissement et la socialisation. Cependant, tout comme les réseaux sociaux, l'outil informatique comporte son lot de dérives et pose des défis qui nécessitent une sensibilisation et une éducation adéquates.

L'un des principaux avantages de l'outil informatique est son potentiel éducatif. Les ressources en ligne permettent aux jeunes d'accéder à une multitude d'informations, d'apprendre à leur propre rythme et de développer des compétences variées. Les plateformes d'apprentissage en ligne offrent des cours sur une variété de sujets, allant des mathématiques à la programmation informatique. Cela ouvre des portes à des opportunités d'éducation qui n'étaient pas disponibles auparavant, particulièrement pour ceux qui vivent dans des zones éloignées ou défavorisées.

Cependant, cet accès à l'information n'est pas sans risques. La surcharge d'informations peut mener à un phénomène d'overwhelm, où les jeunes se sentent submergés par la quantité de contenu disponible. Cette situation peut également nuire à leur capacité de concentration et de mémorisation. La culture du multitâche, souvent encouragée par l'utilisation des technologies, peut fragmenter leur attention et affecter leur apprentissage. L'éducation doit donc s'adapter à ces réalités en enseignant des compétences de gestion du temps et de priorisation.

Un autre aspect préoccupant de l'outil informatique est le risque d'addiction. Les études montrent que l'utilisation excessive des technologies peut entraîner des comportements compulsifs, affectant la santé mentale et les relations interpersonnelles. La dépendance aux écrans est un phénomène croissant, et il est essentiel de sensibiliser les jeunes aux dangers d'une utilisation excessive des appareils numériques. Cela implique non seulement une éducation sur les effets néfastes, mais aussi la promotion d'un équilibre sain entre le temps passé en ligne et les activités en dehors des écrans.

Dans le cadre de l'éducation numérique, il est également crucial d'aborder les questions de sécurité en ligne. Les jeunes doivent être formés aux risques liés à la navigation sur Internet, comme le vol d'identité, les escroqueries et les atteintes à la vie privée. La sensibilisation à la cybersécurité est essentielle pour leur permettre de protéger leurs informations personnelles et de naviguer de manière sécurisée dans le monde numérique. Cela inclut des enseignements sur la création de mots de passe forts, la reconnaissance des arnaques en ligne et la protection de leurs informations sensibles.

De plus, l'éducation numérique doit comprendre des discussions sur l'éthique et la responsabilité en ligne. Les jeunes doivent comprendre que leurs actions sur Internet ont des conséquences dans le monde réel. Les comportements tels que le cyberharcèlement, la diffusion de fausses informations ou le plagiat peuvent avoir des répercussions graves. En encourageant un comportement éthique et respectueux, nous préparons les jeunes à devenir des citoyens numériques responsables.

Il est également essentiel d'encourager la créativité et l'innovation à travers l'outil informatique. Les jeunes doivent être incités à utiliser la technologie non seulement comme un moyen de consommation, mais également comme un outil de création. Cela peut inclure des projets multimédias, des blogs, des vidéos ou même des créations artistiques numériques. En leur donnant les moyens de s'exprimer de manière créative, nous favorisons le développement de compétences techniques tout en renforçant leur confiance en eux.

Enfin, l'éducation numérique ne doit pas se limiter aux jeunes eux-mêmes. Les parents et les éducateurs ont également un rôle crucial à jouer dans ce processus. Il est essentiel de créer des dialogues ouverts sur l'utilisation des technologies, de partager des ressources et d'encourager une culture de soutien. En collaborant, les familles et les institutions éducatives peuvent aider les jeunes à naviguer dans le monde numérique de manière éclairée et sécurisée.

En conclusion, l'outil informatique offre d'innombrables possibilités pour l'éducation et l'épanouissement des jeunes. Cependant, il est impératif de leur fournir une éducation numérique complète qui aborde les défis et les dérives associés à son utilisation. En développant des compétences critiques, en promouvant un comportement éthique et en favorisant un équilibre sain, nous pouvons aider la jeunesse à tirer le meilleur parti de la technologie tout en se protégeant des dangers qui l'accompagnent.

Printed by Books on Demand GmbH, Norderstedt / Germany